Guía de SUPERVIVENCIA PARA UNIVERSITARIOS

U

Lucas Leys

Guía de

SUPERVIVENCIA PARA UNIVERSITARIOS

Lucas Leys

e625.com

GUÍA DE SUPERVIVENCIA PARA UNIVERSITARIOS
e625 - 2021
Dallas, Texas

Todas las citas bíblicas son de la Nueva Biblia Viva (NBV) a menos que se indique lo contrario.

Editado por: **Virginia Bonino de Altare**
Diseñado por: **JuanShimabukuroDesign**

ISBN: 978-1-954149-05-2

IMPRESO EN ESTADOS UNIDOS

CONTENIDO

PARTE 1

PARTE 2

APÉNDICE

PRÓLOGO

Llevo muchos años liderando universitarios y una de las frustraciones que tuve durante mucho tiempo fue la de no encontrar materiales que abordaran con precisión las necesidades que los jóvenes tienen en esta etapa. ¡Era imposible conseguir algún tipo de mapa o ayuda para saber qué hacer o no con ellos! No existía nada de literatura cristiana sobre el tema. Parecía que la sociedad, y sobre todo la iglesia, no veían a los universitarios a menos que hicieran protestas masivas en las calles.

Es por eso que me entusiasmé tanto cuando comenzó e625 y vi la forma en la que soñaron abordar cada transición y cada etapa desde la infancia hasta esta maravillosa edad. Cuando por primera vez escuché a Lucas hablar de lo crucial que es acompañar desde la iglesia y la familia a los jóvenes universitarios, me salió un grito muy evangélico de "¡ALELUYA!" y un gran "¡Por fin!".

Este libro de Lucas es testimonio de este interés y se suma a la creciente lista de recursos que los que amamos esta edad agradecemos tener en nuestras manos para recomendarlos a los jóvenes y para masticar, quienes trabajamos con ellos.

Si eres universitario este libro es súper especial para ti y sin dudas te ayudará con tips para sobrevivir estos años que tienes por delante. El ambiente universitario no es fácil: enfrentarás más presión académica que hasta ahora, (extrañarás a ese profesor que antes pensabas que era estricto ¡ja!); tus iguales que no conocen de Dios te desafiarán a decisiones extremas muy distintas a las que él espera que tomes; posiblemente por situaciones en tu casa no solo tendrás que estudiar más para alcanzar una beca sino trabajar para pagar tus estudios. Es decir, estás por enfrentar una etapa maravillosa pero a la vez llena de desafíos. Por eso este libro es una guía de supervivencia, porque los que te amamos y creemos en ti necesitamos eso: ¡que sobrevivas y superes la prueba!

Yo creo, junto con Lucas, que tienes todo para graduarte, ser un buen estudiante y mantener tu fe, y por eso me entusiasma que ahora tengas en tus manos estos consejos tan bien aterrizados en lo humano y en lo espiritual.

Si eres padre o líder de jóvenes y estás espiando este libro, estos consejos te darán una perspectiva más amplia de lo que hoy hay que enfrentar en esta etapa y con él tendrás una guía clara para que en tus conversaciones sepas qué aspectos críticos requieren atención.

Por último, no puedo evitar decir que este libro exhibe un lado muuuuy paternal de Lucas (¡creo que lo escribió pensando en sus hijos!) y eso también te ayudará mucho a valorar sus consejos y advertencias.

Disfrútalo, toma nota y cada vez que sientas algo de desesperación, vuélvelo a leer... ¡querrás hacerlo!

¡Gracias Lucas por este kit tan práctico y útil para los jóvenes y la iglesia!

Natalia Nieto
"Veterana" del liderazgo de universitarios en El Lugar de Su Presencia en Bogotá, Colombia.

COMIENZA

Estás en un momento crucial de tu vida. Es lo que en muchos deportes se conoce como el último cuarto.

Cuando se define el partido.

Lo que pasó en las etapas anteriores te trajo hasta acá pero ahora es posible confirmarlo, llevarlo más allá, revertirlo o tirarlo por la ventana.

Probablemente ya tengas una híperconciencia de esto y lo último que esperarías es que yo también te lo recuerde, pero no me puedo dar el lujo de no estar seguro de esto si quiero ayudarte.

Ya sea que muchos te lo digan o que nadie te lo mencione, es igual de cierto: esta es una etapa difícil. En los últimos meses tu mundo se está expandiendo y las posibilidades se han hecho mucho más complejas, y claro que no quiero desesperarte, pero insisto en asegurarme de que ambos entendemos la seriedad de lo que está en juego porque en las próximas décadas volverás en tus recuerdos innumerables veces a estos días.

Es tu vida. Es tu futuro y también el mío. *¿Por qué? Porque tu éxito no solamente te compete e importa a ti. También me afecta a mí. Yo también vivo en este mundo y si ambos pertenecemos a la familia de Dios, ambos somos parte de la misma Iglesia y tanto este mundo como la Iglesia te necesitan. Tus decisiones son tuyas, sí, pero afectan a otras personas; cambian tu futuro y hacen eco en el mundo de otras personas.*

¿Te preocupé un poco con esta introducción?

Bien. Ahora respira.

Relájate y sigamos conversando porque, aunque este es un período de vital importancia y decisiones serias, también puede ser una etapa maravillosa por la que surfees con éxito, encamines varios logros y superes cada desafío con puntos extra y tesoros.

Yo quiero ayudarte y estoy de tu lado, y por eso te escribo estas páginas. Lo he dicho muchas veces y te lo quiero decir mirándote a los ojos: todo comienza con repetir muchas veces la misma decisión. Sí, porque es un mito que con un solo momento en el que tomas una decisión basta. Todos tenemos que tomar las mejores decisiones una y otra vez, aunque sea la misma; y es importante. La decisión es ser tu mejor versión, una y otra vez; porque a continuación voy a ayudarte con algunos consejos e ideas, pero sin esa decisión son solo fotos prestadas y esto no se trata de ver algunas lindas fotos en tu imaginación sino de llenar tu historia con las tuyas.

Comienza.

Lucas Leys

PARTE I

LOS 10 HÁBITOS DE QUIENES SOBREVIVEN A LA UNIVERSIDAD

Los hábitos se hacen y te hacen. Lo que hacemos continuamente delata nuestra personalidad, exhibe nuestras prioridades y desnuda nuestro carácter. Y aquí llega una de las mejores noticias de la vida: todos podemos cambiar nuestros hábitos.

¡Sí!

Con seguridad.

Podemos modificar nuestra personalidad, moldear nuestro carácter y cambiar nuestros hábitos.

A diferencia de lo que se suele creer en algunos rincones de la mediocridad, la personalidad no es una realidad estática. No es una estatua inmóvil. Se puede ir modelando con estímulos externos y, sobre todo, con decisiones internas que comenzamos a repetir.

Desde que naciste has estado incorporando hábitos, filosofías de vida e incluso posibles traumas que forjaron tu carácter de hoy. Pero ahora estás en un nuevo capítulo. No vas a hacerlo por reacción sino por decisión ya que, como insisto en otros de mis libros, el «yo soy así» es la excusa pop de los fracasados.

Así que, a continuación, te cuento diez hábitos que son algo así como los diez mandamientos de quienes superan la etapa universitaria con éxito. Te los ordené en una cuenta regresiva.

Ahí vamos.

10. ¿Cuál es la meta?

El genial Stephen Covey, con quien tuve la oportunidad de aprender administración de proyectos, popularizó la idea de que las personas altamente eficaces comienzan con el fin en mente y esa premisa es poderosamente importante para superar con creces la universidad.

Con honestidad: *¿por qué elegiste esa carrera?* ¿Te *puedes ver ejerciéndola?*

El primer hábito de quienes superan la universidad con éxito es mantener la meta en mente. ¿Qué te imaginas haciendo con esos estudios?

¿Cuál es el gran sueño?

La meta no puede ser el diploma, quedar bien con tus padres o conseguir un buen empleo. Esas son fotos importantes, pero *¿cuál es la película después del diploma?*

Deja que tu imaginación vuele alto. Sueña con los ojos del corazón abiertos y considera cómo podrás afectar la vida de un mayor número de personas en tu futuro con lo que estás haciendo hoy.

Imprime esas imágenes en tu alma en alta definición, cosa de que queden grabadas en tu memoria al punto de traerte «nostalgia de futuro» por llegar allí.

El hábito de comenzar y mantener el fin en mente se basa en la fe y la imaginación.

Mira en la Biblia lo que dice el escritor de la carta a los Hebreos:

«La fe es la seguridad de recibir lo que se espera, es estar convencido de lo que no se ve». (Hebreos 11.1)

La fe es la capacidad de visualizar en tu mente lo que no se puede ver con los ojos todavía. Se basa en el principio de que todas las cosas se crean dos veces. Hay una creación mental inicial y una creación física después. La creación física sigue a la mental, al igual que un edificio sigue a un plano. Si nosotros no hacemos un esfuerzo consciente e intencional para visualizar lo que anhelamos, entonces dejaremos a otras personas y circunstancias darnos la forma que ellos quieran.

Esa imagen mental es una meta y, aunque quizás no podamos ver todos los detalles, tenemos que poder percibir las sensaciones de la escena.

La memoria de esa sensación imaginada tiene más fuerza de lo que creemos

¿Cómo se siente hacer eso?

La memoria de esa sensación imaginada tiene más fuerza de lo que creemos y por eso es tan importante para no desesperarnos cuando las cosas se pongan difíciles.

Llamado

Ahora déjame traer esta palabra importante para los cristianos y luego esta pregunta. ¿Cómo se relaciona tu carrera con tu llamado?

En algunos círculos del cristianismo se sigue dando a entender que nuestra vocación «secular» y nuestro llamado son dos cosas distintas. Que «llamado» tiene que ver con lo que hacemos en el templo y «vocación» tiene que ver con lo que hacemos para pagar las cuentas. Eso es ridículo.

Tu vocación y tu llamado tienen el mismo origen.

Dios.

Lo que anhelas en lo más escondido de tu corazón, y eso que al soñar en tu niñez te animaba tanto, tienen todo que ver con tu llamado divino.

El apóstol Pablo escribe:

«Somos creación de Dios, creados en Cristo Jesús para hacer las buenas obras que Dios de antemano ya había planeado». (Efesios 2:10)

Dios no te hizo para una cosa y luego te llama a otra. Lo que imaginas como tu principal aporte a la humanidad... es tu llamado. Aunque no incluya templos ni títulos eclesiásticos.

Tener el destino claro agilizará tus músculos proactivos para hacer que las cosas sucedan

Comenzar con el fin en mente significa empezar cada día una tarea o un proyecto con una visión clara de la dirección que deseas. Tener el destino claro agilizará tus músculos proactivos para hacer que las cosas sucedan.

Hace muchos años atrás el genial Mike Yaconelli me dijo mirándome con sus ojos de animé japonés: «Ningún ministerio es más importante que el que Dios te llama a hacer», luego de que le conté que una iglesia muy grande en el suroeste de Estados Unidos me había ofrecido contratarme como pastor principal por muchísimo dinero, y yo dudaba entre decir que sí o dedicarme a comenzar la organización que sabía que Dios me llamaba a comenzar. La afirmación se me clavó en medio de la sien. La pregunta entonces no debía ser cuál era la mejor oportunidad o si era más conveniente ser pastor de esa iglesia o no, sino que era a qué me llamaba Dios. En ese entonces el ministerio que hoy lidero era tan solo un sueño y entonces era mucho más lógica la idea de decir que sí a la oferta de esa iglesia. Pero el propósito de Dios para mi vida determinaba lo correcto o incorrecto de la decisión.

No era mi entorno.

No era el dinero, ni era la popularidad de una u otra alternativa.

Era su propósito lo que debía definir mis acciones.

Mirando esa experiencia en perspectiva, la lección ganada de esa decisión condicionó mis pasos desde entonces. Todo lo que decidimos hacer los cristianos debe tener un propósito claro desde el punto de vista de Dios, y no debe estar simplemente calibrado con propósitos generales como que tengamos una vida de adoración o cultivemos el estudio de su revelación, sino que lo que hacemos debe estar sintonizado con la frecuencia de su plan para nuestras vidas.

Para superar estos años universitarios con éxito, no puedes tirarte por la borda a ser de esas personas que solo actúan guiadas por sus emociones. Quienes viven reaccionado a circunstancias externas sin un plan interno que establezca a dónde se dirigen y que regule esas sensaciones, terminarán sin rumbo, malgastando sus posibilidades y talentos y viviendo por debajo de su potencial.

Sin metas definidas estamos de paseo. A la deriva. En la rotonda. Luchando con molinos de viento imaginarios y sin progresar. Si no lo has hecho hasta ahora, define con Dios una gran meta para tu carrera cuanto antes.

Déjalo a Dios pintar una gran obra de arte en tu imaginación.

Mi lista de acciones

Guía de SUPERVIVENCIA PARA UNIVERSITARIOS

9. Estaciones intermedias

El segundo hábito de quienes superan con éxito la etapa universitaria es establecer metas intermedias.

Las carreras universitarias son de larga distancia. Hay un largo trayecto entre la salida y la llegada y por eso es sabio establecer logros más cercanos que te ayuden a superar subniveles.

¿Jugaste alguna vez a Mario Bros? Pasar de nivel es una parte fundamental para crearte una sensación de progreso, y si el juego de Mario, Luigi y Peach y muchos otros juegos parecidos, fueran de un solo nivel largo e interminable, serían muy aburridos.

Entonces, *¿sabes cuál es la etapa en la que más estudiantes universitarios abandonan la carrera?*

No es ni a principio ni al final. Es en la mitad. *¿Por qué?* Porque al principio solemos tener esos sueños frescos o al menos tenemos la motivación del diploma o la adrenalina de comenzar una nueva etapa y experiencia, según sea tu personalidad. Y al final, podemos ver la meta más cerca y eso nos da impulso.

Pero en la mitad... estamos lejos de la adrenalina inicial y todavía vemos demasiada distancia hasta el final y por eso la mitad es el período más importante para no perder de vista la meta. *¿Qué puedes hacer?*

Quizás tu carrera tiene distintas etapas bien demarcadas, pero quizás no y tendrás que creártelas tú mismo. El punto es crearte etapas y establecer premios que vas a conseguir al llegar a cada una. Háblalos con tus seres queridos. Las subetapas no deben pasar desapercibidas porque si no perderán importancia.

Incentivos

Hasta ahora no te conté que yo estudié dos carreras al mismo tiempo y, de hecho, se podría decir que hasta hice tres, aunque no en el mismo periodo. Ni bien entré a la facultad de abogacía de la Universidad de Buenos Aires tuve una experiencia con un amigo que me dejó en claro que Dios me llamaba al ministerio, así que decidí estudiar también teología en el Instituto Bíblico Buenos Aires.

Estas dos instituciones estaban lejos de mi casa y además mis padres me dijeron que me iban a ayudar con una de las carreras, pero no con todos los gastos de estudiar dos así que tuve que buscarme un trabajo.

Esos fueron años duros. Salía de la mi casa a las 6.30 de la mañana para llegar al centro de la ciudad de Buenos Aires donde enseñaba tenis a niños pequeños de escuelas privadas, luego iba a los cursos de abogacía y luego en la noche a los de teología y volvía a mi casa a las 11 de la noche.

Mis papás se dieron cuenta que me estaba esforzando mucho así que hicieron un trato conmigo: al terminar cada año iban a pagarme un buen tiempo de vacaciones.

Creo que no me abusé del premio, pero el contar con este incentivo sin dudas me hizo pasar mejor esos años de tanto esfuerzo.

Tener metas intermedias te ayudará a alimentar una sensación de progreso que es fundamental para mantener el ímpetu

Recuerda: tener metas intermedias te ayudará a alimentar una sensación de progreso que es fundamental para mantener el ímpetu. Las etapas intermedias pueden ser cada año de educación, pueden ser períodos premarcados por tu carrera, o pueden ser una cantidad de materias que tú mismo preescojas como para subdividir la carrera en niveles de progreso.

Que cada temporada termine con un descanso y, en lo posible, con un buen premio

Mi lista de acciones

Mi lista de acciones

8. Define tus prioridades

¿Será que estos años de estudios universitarios son una buena etapa para un noviazgo? Todo pareciera indicar que sí, *¿o no?* Y *¿vas a darle atención al ministerio?* Parece inevitable, *¿no?* Y *¿cuánto tiempo vas a darle?*

Tienes que responder este tipo de preguntas ahora y no cuando se te fleche el corazón o tus líderes se enojen porque no fuiste a esa actividad especial de la iglesia que justo cayó la semana del examen.

Quizás ya estés pintando tu vida con estos dilemas, pero si todavía no llegaron, es mejor que los anticipes.

Las preguntas con las que comencé esta sección son tramposas porque dependen de distintos factores y no pueden ser contestadas con ingenuidad o culpa.

> Demasiados jóvenes en la etapa universitaria no tienen un plan para sus emociones, sus amistades, su tiempo libre

Demasiados jóvenes en la etapa universitaria no tienen un plan para sus emociones, sus amistades, su tiempo libre y esta falta de preparación suele ocasionar muchos dolores de cabeza y algunas «decisiones no decididas» que luego son lamentadas por años.

Gratificación postergada

Te voy a hacer una pregunta cuya respuesta, si es honesta, tendrá todo que ver con el tipo de vida que alcances y con si serás realmente una persona con una vida significativa o no.

¿Puedes postergar tu gratificación?

Las personas que no pueden hacerlo raramente llegan muy lejos. Todos queremos todo ya y ahora, pero esa impaciencia innata del ser humano, que está a flor de piel como nunca en las nuevas generaciones, solo te va a ayudar a desesperarte, impacientarte y rendirte sin hacer lo que debes hacer solo por lograr una sensación de bienestar momentáneo.

Es lógico que en esta etapa te enamores. Es más que probable que en tu iglesia te quieran involucrar en muchas actividades y es prácticamente seguro que tus amistades van a sugerir actividades cuando tengas que ocuparte de otras cosas. No soy brujo ni me creo profeta, pero todo eso va a pasar y por eso es importante que establezcas bien clarito qué tiempo vas a dar a cada cosa y exactamente a qué cosas vas a darle tiempo.

Por ejemplo: si consideras que tu carrera es sumamente importante, estoy seguro de que un noviazgo podrá esperar. Y puedes pensar: ¿pero no voy a perder a la persona que amo? Si la persona que amas también te ama y te ama de verdad —*te* ama, es decir, no es que se ama a sí misma queriéndote a su lado, sino que quiere lo mejor para ti— entonces dudo que sea un problema postergar un noviazgo con todas las letras hasta que estés más adelantado, en una de las etapas intermedias que te propusiste de la carrera o cuando la hayas terminado.

La iglesia

¿Y qué onda con la iglesia? ¿No debiera estar primero? Si le entregaste tu vida a Jesús, tú eres la Iglesia (1 Corintios 12:27) y hasta donde tú llegues llegará la Iglesia, así que necesitamos que estudies, que progreses y que llegues lejos más de lo que te necesitamos en alguna reunión. *¿Con esto quiero decir que no te congregues o no sirvas?* Claro que no, pero habla con tus líderes de cuán importante es la carrera para ti y diles en qué fechas pueden contar contigo, pero también en cuáles no. Y respecto a congregarte, asegúrate de tu alimento espiritual y emocional de amistades cristianas que nutran tu espiritualidad y hazlo considerando tu ritmo de estudios, que no es igual a cuando estabas en la etapa secundaria.

(Yo por mi lado estoy continuamente diciéndoles a líderes de jóvenes que no tengan la misma expectativa de actividades e involucramiento para adolescentes que para universitarios).

Jesús les enseñó a sus seguidores que oraran con frecuencia para que el Reino de Dios fuera establecido, y que además le pidieran a Dios: *«Venga tu reino y cúmplase en la tierra tu voluntad como se cumple en el cielo»* (Mateo 6:10), y también les dijo que había venido a la Tierra a llevar a cabo la voluntad de su Padre (Juan 6:38), así que no te estoy sugiriendo que la universidad sea una excusa para no hacer tu parte apoyando a tu congregación y siendo parte de la iglesia, pero sí es lógico que tengas en claro cuál va a ser tu disponibilidad ya que en esta etapa no vas a poder estar en todas.

Míralo de nuevo a Jesús. Incluso cuando tuvo que enfrentar la prueba de tormento físico y mental de la cruz, oró: «Pero que no se haga lo que yo quiero, sino lo que tú quieres» (Lucas 22:42), y desde esa perspectiva es que debemos tener muy claras nuestras prioridades.

Las prioridades y los planes de Dios siempre dan resultado. El Reino de Dios es el gobierno perfecto de Dios, que va a traer paz y abundancia a la Tierra cuando Jesucristo regrese pero que ya se puede establecer en nuestras propias vidas a través de prioridades espirituales y por eso debemos trabajar ahora mismo para que ese Reino se establezca. Buscar la rectitud de Dios significa esforzarse por vivir de la manera correcta —obedecer las leyes beneficiosas de Dios que están basadas en su amor.

Las prioridades y los planes de Dios siempre dan resultado

En varios rincones de la iglesia quizás escuches que el orden correcto de prioridades debe ser el siguiente:

1. Dios

2. Familia

3. Trabajo

4. Ministerio

O quizás escuches la versión de tres prioridades: Dios, familia e iglesia.

Y a grandes rasgos estoy de acuerdo, aunque también es bueno identificar que las etapas en que nos encontramos afectan el ritmo y la distribución de tiempo para cada prioridad. Dios va a estar contigo en tus estudios y en tu trabajo y él acompaña a tu familia y debe ser el foco del ministerio, así que yo prefiero tener una visión integral de cómo se da mi relación con Dios en todo lo que hago; y respecto a tu familia, debes amarla hasta las últimas consecuencias, pero eso no significa que tienes que darle la misma cantidad horaria durante este periodo que a tus estudios.

Habla con todas las personas importantes en tu vida y diles que les necesitas como aliados y no como competencia

Dios debe estar en primer lugar y, en esta etapa, luego viene tu carrera, lo cual no quiere decir que debas ignorar a algunos sino al contrario: habla con todas las personas importantes en tu vida y diles que les necesitas como aliados y no como competencia. «Contrátalos» para tu equipo de antemano y ellos serán más conscientes de cuáles son tus prioridades y no te respetarán menos sino más por eso.

Mi lista de acciones

7. Usa esos recursos descuidados

Lo he escrito y dicho muchas veces y cada vez estoy más convencido de que es una gran verdad: nadie planea fracasar, pero muchos fracasan por no planear.

Nadie planea fracasar, pero muchos fracasan por no planear

Planear tiene que ver con anticipar nuestras prioridades y luego dar el siguiente paso que es distribuir correctamente nuestro tiempo, y para eso tenemos un gran recurso llamado «el calendario».

Continuamente me preguntan cómo es que con el ministerio de e625 podemos trabajar en tantos frentes. Somos una editorial, una institución académica, tenemos giras de eventos especializados y una página web viva que cada semana tiene cosas nuevas. Muchos ministerios son una sola de esas facetas, pero nosotros logramos desarrollar todas. *¿Cuál es el secreto?* Todo lo que veas que e625 hace, fue planeado y trabajado mucho antes de que lo veas. Como este libro, que ingresó al calendario de publicaciones dos años antes de que saliera a la luz... y al salir, apareció la parte visible de esta realidad que primero era invisible para todos, aunque visible para nosotros porque la teníamos en... un calendario.

Al hablar del hábito anterior mencioné la palabra «ritmo». Los calendarios anuales tienen un ritmo de 52 semanas subdivididas en 12 bloques de 4 semanas.

El mismo principio de las subetapas de progreso corto también funciona aquí. Marca ya mismo las fechas más determinantes, aunque —¡ja! — quizás me estoy saltando un paso: *¿tienes ya un calendario?* Consíguete uno grande que puedas marcar de manera bien visible y si lo tienes digital... imprímelo en papel para que sea más accesible a la vista y te funcione como un mapa mental de tus tiempos.

Ahora piensa en bloques. Temporada de estudios - temporada de vacaciones. Tienes que saber las fechas cuanto antes. No es un detalle menor porque la falta de precisión te hará navegar por el año con la sensación de no saber lo que va a ocurrir.

La falta de precisión te hará navegar por el año con la sensación de no saber lo que va a ocurrir

¿Tu iglesia tiene algunas fechas importantes fijas? Por ejemplo, siendo pastor de jóvenes, yo me encontré con que poner un campamento en una semana en la

que muchos de mis mejores líderes voluntarios tenían exámenes fue un terrible error, pero quizás, tu pastor nunca se dio cuenta de que en esas fechas casi todos los universitarios tienen exámenes. Si hay un conflicto que se puede evitar con la planificación, habla ahora o sufrirás las consecuencias después.

¿Y tu familia? ¿Hay alguna fecha importante que puedas poner en calendario con mucha anticipación?

Incluso con tus amigos.

Hoy tenemos las redes sociales para recordarnos automáticamente cumpleaños y otras cosas, pero mi sensación es que ese beneficio fomenta que solo reaccionemos a esa información sin estar ubicados temporalmente en cuándo sucede lo que es importante para nosotros y nuestros seres amados.

La microvisión

Ahora vayamos a lo más específico. Aunque en todo occidente la semana comienza oficialmente el domingo, solemos pensar que el primer día es el lunes. Así que vuelve a la idea original. *¿Qué tal empezar la semana priorizando a Dios?*

Yo creo que tener un día «sagrado» para priorizar lo espiritual y considerar lo que el apóstol Pablo les recomendó considerar a los filipenses, hace mucho bien a nuestras vidas. Mira este consejo:

«... piensen en todo lo que es verdadero, todo lo que es respetable, todo lo justo, todo lo puro, todo lo amable, todo lo que es digno de admiración; piensen en todo lo que se reconoce como virtud o que merezca elogio». (Filipenses 4:8)

Esto es para todos los días, pero qué genial que el domingo podamos sentarnos a conversar de esto con la Iglesia de Cristo. Esa es justamente parte del valor de congregarnos. Hacerlo nos ubica.

El mundo ni sospecha el efecto que tiene que millones de cristianos dediquemos unas horas a la semana a pensar en cómo bendecir a otros

El mundo ni sospecha el efecto que tiene que millones de cristianos dediquemos unas horas a la semana a pensar en cómo bendecir a otros, cómo detener lo que es injusto y cómo ser más responsables con nuestras vidas.

En el capítulo anterior te dije que tienes que prever que no vas a poder estar en todas las actividades de la iglesia, pero déjame asegurarte que es fundamental que separes un tiempo sagrado cada semana para ser parte del cuerpo de Cristo de manera comunitaria y colectiva.

Ahora mueve las neuronas hacia los otros seis días... ¿Cómo empezar bien y cómo terminar mejor? El calendario es la mirada amplia, pero para la mirada micro ahora necesitas una agenda. Y ¿no sería bueno usar la tecnología para esto? Claro que sí. Yo miro mi día a día a través de la tecnología, pero en el caso del calendario, insisto en que es mejor tener uno grande y bien visible que continuamente te sirva de referencia.

Ver lo que hay que hacer y cuándo tendrá un impacto poderoso en tu capacidad de organización y ejecución.

Ahora hagamos un stop con cada una de estas ideas:

- Planea tiempo para aprender. La Biblia resalta la importancia de una vida de continuo aprendizaje: *«Escuche [...] el sabio, y aumente su saber; reciba dirección el entendido»* (Proverbios 1:5 NVI); ir a la universidad no se trata solo de obtener un título sino de aprender a ejercer mejor tu potencial.
- Planea tiempo para la familia y amigos. Las relaciones importantes requieren que nos comprometamos a compartir tiempo juntos. Hasta en la Biblia tenemos a Dios indicándole a los padres pasar tiempo enseñándoles a sus hijos (Efesios 6:4; Deuteronomio 6:7) y es obvio que no hacerlo tiene consecuencias negativas.
- Planea tiempo para el servicio. Quizás no puedas ir a todas las reuniones de tu iglesia como antes

pero seguro puedes servir en alguna actividad o esfuerzo especial. Ofrécete cuanto antes.

- Planea tiempo para recrearte. En ocasiones, Jesús llevo a sus discípulos lejos de las multitudes, para que se renovaran (Marcos 6:31). Sé parte de algún retiro y viaje con amigos.

Y si también tienes un trabajo:

- Planea tiempo para mejorar en tu trabajo. Aunque sea momentáneo mientras estudias, es una oportunidad de trabajar tus hábitos y desarrollar tus valores. Sorprende a tus jefes con un esfuerzo extra. Perfecciona tus tareas y hasta planea algo especial.

¿Qué tal si ahora pones estas intenciones en el calendario? Si no *«calendarizas» —interesante palabra, ¿cierto?* – todas estas intenciones se quedarán solo en eso… intenciones.

El poeta Henry David Thoreau, que se educó en lo que luego se convertiría en la Universidad de Harvard, escribió que «el precio de las cosas es igual a la cantidad de vida que se invierte en ellas» y tenía razón. Aunque fíjate que habla de cantidad de vida y no cantidad de tiempo porque esto no es solo cuestión de horas y cantidades sino de ocasiones y momentos que son tan importantes que deben ser creados intencionalmente.

Un día completo dedicado a tu familia o a algunos amigos puede llegar muy lejos, haciendo que luego ellos respeten más tu dedicación a la universidad, sobre todo si expresas claramente que necesitas que ellos te ayuden a enfocarte. Recuerda las palabras clave de este mandamiento de los que sobreviven a la universidad: calendario, agenda, ritmo y calendarizar.

Mi lista de acciones

Mi lista de acciones

6. Aprende a decir que no

Qué feo ser un «yes man». Hace unos años salió una película con el actor Jim Carey que trataba acerca de un personaje muy simpático que había pasado de ser una persona negativa a ser un «yes man». Alguien que le decía que sí a todo y que obviamente terminaba en un montón de líos por su derroche de «sí».

Quien diga que no le interesa agradar a otros es un Pinocho y por si no sabes quién era Pinocho, era un muñeco mentiroso. El deseo de agradar a otras personas lo llevamos todos. Es un reflejo humano de nuestra necesidad de amor y, aunque algunos se envalentonen tratando de presumir de que no les importa la opinión de los demás, no existe nadie en la tierra a quien no le importe la opinión de los demás, y si lo hay, no es una persona con todas las piezas en su lugar.

El problema no es querer agradar a otros. El problema es creer que es posible agradar a «todos» y «todo el tiempo». Quienes no se liberan de ese mito, se convierten en el «yes man». Alguien que no sabe decir que no o que solo se lo dice a sus padres o sus hermanos porque sabe que, aunque haya un rato de pelea, esas son relaciones más difíciles de romper.

El problema no es querer agradar a otros. El problema es creer que es posible agradar a «todos» y «todo el tiempo»

¿Cómo controlar a este instinto entonces?

Lo primero que debes saber es que no pierdes el respeto de otras personas cuando dices que no. Aun cuando inicialmente te insistan o te digan que eres mala onda por el no, a la larga siempre respetamos más a la persona que sabe cuándo decir que no, que al que todo el tiempo tiene el sí a pedir de boca a cualquier cosa que haga falta. La persona que dice a todo que sí, no tarda mucho en ser reconocida como desocupada, manipulable e impulsiva.

La persona que dice a todo que sí, no tarda mucho en ser reconocida como desocupada, manipulable e impulsiva

Lo segundo que yo aprendí es a no usar excusas. No inventes respuestas sino di la verdad aun si el «no» es porque debes descansar o hacer algo menos glamoroso que lo que te ofrece la invitación. A mí me gustan las personas directas y entonces prefiero ser una persona directa. Si puedo, puedo, y si no puedo, no puedo.

Así de simple.

Lo tercero es sobreponernos a nuestras inseguridades. ¿Por qué para algunos es tan tentador decir a todo que sí? En el caso de muchos, el sí a toda hora está anclado en temores. Temor al rechazo, temor a la soledad, temor a que no te tomen en cuenta la próxima vez, temor a verte mal y temor a que no te entiendan. Esos temores son naturales. Sin embargo, vencer a nuestra naturaleza temerosa y egoísta y reemplazarla con la seguridad que surge del carácter de Cristo debe ser uno de nuestros más importantes objetivos como cristianos. Jesús enseñó con claridad que debemos esforzarnos por ser *«perfectos, como su Padre que está en los cielos es perfecto»* (Mateo 5:48), y déjame aclararte algo antes de que esto te parezca imposible. *¿Qué onda con lo de ser perfectos? ¿No es demasiado pedir?* En algunos de mis libros explico que la palabra griega que traducimos como «perfección» tiene también que ver con madurez y, sobre todo, con apuntar en la dirección correcta y esa idea me encanta porque, comparados con Dios, claro que no podemos llegar a su nivel de perfección, pero sí podemos tomar decisiones maduras y apuntar en la dirección correcta con ellas, aunque a veces cometamos errores.

Para que esto suceda es indispensable aprender a decir que no, y no solo a las cosas malas, sino también a las cosas buenas que pueden distraernos y hacernos evadir nuestras prioridades.

Te lo digo bien directo para que se atornille a tu corazón:

Las tentaciones no siempre son para que hagas cosas malas

Quitar tus ojos de cosas que no valen la pena

Jesús mismo dijo que *«Los ojos son la lámpara del cuerpo. Si tu ojo es bondadoso, andarás en la luz».* (Mateo 6:22). Estas palabras de Jesús podrían ser la inspiración para el dicho: «Tus ojos son una ventana hacia tu alma», y más allá de frases románticas, déjame apuntar a que definitivamente son una ventana hacia tu cerebro. Tu materia gris básicamente toma una fotografía de todo lo que ves y la almacena en tus impresiones, lo cual debe hacernos prestar mucha atención a lo que miramos porque, desafortunadamente, hoy hay cosas malas casi en todas partes haciendo «pop up» de la nada. Pero déjame seguir con la idea de que las tentaciones no siempre son para que hagas cosas malas.

Si miro un helado, las posibilidades de que lo quiera suben y no porque el helado tiene algo malo. Si uso mi tiempo mirando autos y en especial ese que se veía tan wow, y lo vuelvo a mirar, y lo vuelvo a mirar y cada vez que puedo lo vuelvo a mirar, mi deseo de tenerlo será cada vez mayor y no porque el auto tenga algo malo sino porque probablemente comprarlo no sea la mejor decisión financiera para mi familia.

De la misma manera que es bueno aprender a proteger los ojos de cosas malas también es bueno aprender a evitar las cosas buenas que por el momento serían una distracción para nuestros objetivos inmediatos.

En el libro de Eclesiastés (10:4b NVI) el sabio Salomón escribe: *«La paciencia es el remedio para los grandes errores»* y creo que dio en el clavo.

Decir que no, con un poco de paciencia ahora, puede ahorrarte muchos nervios, apuros y tardanzas después.

El principio del ayuno

No quisiera ofenderte, pero debo decirte que me preocupa que en tantos círculos cristianos se dé a entender que el ayuno solo tiene que ver con comida –como si fuera una dieta– y que su objetivo es hacerle hacer cosas a Dios... como si fuera una huelga de hambre hasta que él se apiade de nosotros.

Esas no son ideas bíblicas.

El ayuno sin oración es una dieta, y a Dios no lo manipulamos con autoflagelos. El ayuno bíblico no es para Dios sino con Dios. Es primariamente para nosotros, facilitando su obra en nuestras vidas. Lo que hace es ejercitar nuestro dominio propio; es como hacer pesas en un gimnasio. Y no tiene que ser solamente con comida: puede ser con tu teléfono, con tus amistades, con tus hobbies o incluso con hábitos normales. En mi caso, hace no mucho tiempo atrás decidí hacer un ayuno de comprarme ropa. Ja, sí, aunque te parezca muy loco. Vivo en Estados Unidos y aquí no es proporcionalmente tan caro comprarse alguna prenda bastante seguido, y yo decidí hacer esto porque un día noté que mi armario estaba demasiado lleno de ropa que no usaba y que era mejor usar mi dinero para bendecir a otras personas en vez de seguir llenando mi casa de prendas de vestir para usar en muy pocas ocasiones.

Quizás te parezca algo extremo, pero esto tuvo que ver con mis hábitos y mi vida y lo hice para ejercitarme en decirme a mí mismo que «no» y usar mi dinero no para vestir mis inseguridades o apetitos pasajeros, sino para vestir de bendición a otras personas.

Mi lista de acciones

5. Elije bien a tus amigos

Hasta esta etapa de tu vida a tus amigos te los cruzaste y eso seguirá ocurriendo. Sin embargo, ya no eres la misma persona de primer grado del primario. Muchas de las amistades que forjaste hasta ahora simplemente aparecieron sentadas a tu lado en la escuela o en la iglesia, pero eso debe cambiar.

Llegó la hora de hacer de las amistades sanas una prioridad en tu vida

Elegir.

Pocas cosas en la vida son tan valiosas y espectaculares como una verdadera amistad y por eso no pueden ser solo un accidente. La amistad es un regalo de Dios que tiene un valor incalculable. Un buen amigo es un tesoro. Tener amistades positivas y sanas es el deseo de todos, pero... ¿es una prioridad en tu vida? Para sobrevivir a la universidad es indispensable contar con amistades que te eleven, te ayuden a concentrarte, te levanten cuando te desanimes y te ayuden a mantener el foco.

Piensa en dos personas a quienes consideres verdaderos amigos. Ahora piensa por qué los consideras verdaderos amigos. Seguro que hay varias razones por las que piensas que son especiales. *¿Cuáles son esas razones?*

Espero que tus razones no sean que simplemente están ahí como de casualidad en cada circunstancia.

¿Cómo encontrar amigos?

Ya me arrepentí de hacer esa pregunta porque vuelve a dar la idea de que los amigos aparecen al doblar la esquina. No. A los amigos no se los encuentra, se los hace y la mejor manera de hacerlos comienza con ser nosotros la clase de amigos que otros necesitan.

A los amigos no se los encuentra, se los hace

Me gusta la fórmula que da la traducción antigua de Reina y Valera *«El hombre que tiene amigos, ha de mostrarse amigo».* (Proverbios 18:24). Es simple pero eficaz. Si queremos tener buenos amigos, entonces comencemos siendo esa persona para otros.

¿Qué características podemos desarrollar?

1. *Proverbios 18:24 también dice que «hay amigos más fieles que un hermano».* Los buenos amigos

se ocupan de sus amigos. Están disponibles para situaciones importantes y crean espacios de calidad para compartir recuerdos.

2. *Una de las mejores maneras de otorgar tu amistad es regalando oídos atentos. No se trata solo de tiempo.* Pregunta, atiende y demuestra interés en la vida de tus amigos.

3. *Los mejores amigos alientan.* Cuando apoyas a tus amigos, estás ayudando a construir su autoestima *mostrándoles* que son importantes y que crees en ellos.

4. *Los mejores amigos están dispuestos a hacer sacrificios.* Un verdadero amigo camina la milla extra y sabe cuándo debe hacerse cargo de las cosas aun cuando no le convenga.

5. *Los mejores amigos perdonan.* Nadie es siempre el mejor amigo. Todos cometemos errores y tenemos que saber pedir perdón y perdonar.

6. *Los mejores amigos son leales.* La Biblia dice: *«El que ama es capaz de aguantarlo todo, de creerlo todo, de esperarlo todo, de soportarlo todo».* (1 Corintios 13:7 TLA).

7. *Los buenos amigos son sinceros.* Los mejores amigos te dicen las cosas a los ojos ya sea para ayudarte, prevenirte, protegerte o redireccionarte.

Ahora, mirando esta lista y pensando en tus amigos, ¿están a esta altura de esta descripción de amistad? ¿Lo estás tú? Si necesitas trabajar en una o más de estas áreas, no hay mejor momento para comenzar que ahora mismo.

Pacto de amigos

Yo creo que todos necesitamos un grupo íntimo y selecto de amigos del mismo sexo. Y no digo eso porque no creo en la amistad entre el hombre y la mujer. Gracias a Dios tengo muchas amigas, comenzando por mi esposa que es mi mejor amiga del mundo, pero hay algo especial y liberador en poder contar absolutamente todo sin espacio a malas interpretaciones, sobre todo cuando somos solteros, para cuidarnos los unos a los otros.

Todos necesitamos un grupo íntimo y selecto de amigos del mismo sexo

Proverbios 20:18 te anima a afirmar tus planes con buenos consejos y entablar el combate con buena estrategia, y yo aprendí que una de las mejores estrategias camino al éxito de cualquier empresa es rodearte de las personas ideales. Gente sincera, que te ame, te exija, te lime, te corrija, te inspire. En resumen, que saque lo mejor de ti y no que simplemente sea un «cómplice» de la vida sin demandar lo mejor de ti.

En Eclesiastés 4: 9-10 leemos:

«Más vale dos que uno, porque el resultado puede ser mucho mejor. Si uno cae, el otro lo levanta; pero si el hombre solitario cae, su problema es grave».

Como te dije más arriba, yo creo que la mejor solución para los malos hábitos es reemplazarlos por hábitos buenos, pero debo contarte que también solucioné hábitos pecaminosos en mi vida al pedir ayuda con ellos a amigos cercanos que me pidieran rendir cuentas, que me hicieran preguntas incómodas y que compartieran mis luchas con lágrimas y risas por igual. Un pacto de amigos como camino al éxito es sin dudas una de las mejores estrategias no solo para que superes con creces la etapa universitaria sino para que, aun después de ella, llegues más lejos de lo que podrías llegar con tus propias fuerzas.

Mi lista de acciones

Mi lista de acciones

Guía de SUPERVIVENCIA PARA UNIVERSITARIOS

4.

Retrocede y vuelve a empezar

Tenemos que saberlo. Algunos cursos no van a ser lo que esperabas, algunos profesores van a ser unos pesados y siempre puede haber algún inconveniente familiar serio que sea todo un desafío para tus estudios, pero que algo salga mal no significa que debas rendirte.

El respetado Charles Swindoll, en su clásico libro «Cómo vivir sobre el nivel de la mediocridad», escribió: *«No conozco técnica más valiosa en la persecución del éxito que la simple y tenaz determinación por el perfeccionamiento»*, y sus palabras hacen eco en una frase mucho más antigua atribuida a Aristóteles que decía que *«la excelencia no es un acto sino un hábito».* En otras palabras, en vez de hacer un poquito de todo hay que hacer de todo en ese poquito que nos toca. Luchar enfocados en eso que consideramos vital para nuestra vida y, en lo que podamos, ayudar a otros mientras lo hacemos, aunque fracasemos en el intento.

En vez de hacer un poquito de todo hay que hacer de todo por ese poquito que nos toca

Te repito aquí otra frase que aparece en más de uno de mis libros: «Peor que muchos fracasos son pocos intentos».

Las personas exitosas no son personas que nunca han fracasado o no han tenido ninguna dificultad sino personas que han sabido sobreponerse.

El fracaso les llega a todos y por eso me rasco la cabeza cuando escucho o leo tan seguido por ahí a alguna persona creyéndose muy determinada al decir que el fracaso no es una opción... Suena bien, pero es una tontería.

El fracaso nos llega a todos. Ninguna historia de éxito se ha escrito sin capítulos de fracaso. Que algo salga mal es siempre parte del argumento de todas las grandes historias.

La perspectiva del error

Cometer errores es de humanos. Y no, no es ningún consuelo de tontos. Lo tonto es dejar de patear porque la última pelota no entró.

Lo que detiene a muchas personas no es el error, la dificultad o el fracaso sino una reacción desproporcionada frente a una derrota. Es el victimizarse por la circunstancia negativa y asumir que no hay ningún beneficio en esa circunstancia.

Hasta la circunstancia más negativa esconde una lección. Siempre hay algo para aprender, y no soy de los que creen que siempre se deben cometer errores para aprender. No. Las personas exitosas aprenden del éxito, pero también aprenden del fracaso.

Hasta la circunstancia más negativa esconde una lección

Deportista tras deportista, investigador tras investigador y artista tras artista te dirá que al intentar algo y fracasar aprendió una manera de no hacer las cosas.

Lo que es difícil amplía tu perspectiva y si llegas a un curso que te cuesta, no solo te encuentras ante el desafío de superarlo sino también de practicar lo que vas a hacer la próxima vez que en tu vida tengas otro desafío y te toque atravesar por algo que no te produce ningún sentimiento positivo atravesar.

Son cursos de la vida que no podemos desaprovechar.

Fracasar se parece a dar un paso hacia atrás y no te voy a engañar con consuelos facilistas al decirte que no lo es, pero dar un paso hacia atrás puede ayudarte a considerar mejor el panorama. Es cuestión de perspectiva. No es posible ver algo grande cuando estás encima, sino que debemos retroceder para apreciarlo y allí es donde se esconde la sabiduría.

¿Por qué te cuesta esa materia?

¿Por qué te cuesta ese profesor o profesora?

¿Hay otras circunstancias que están produciendo esos sentimientos?

¿Cuáles son las preguntas para las que no tuviste respuesta en el examen? ¿Por qué?

Y no te condenes. No es por lo que eres... sino por lo que hiciste.

Pasa la página

Quizás hayas escuchado de la historia de Abraham Lincoln, uno de los presidentes más famosos de Estados Unidos.

Su historia es más o menos así:

7 años – Sus padres perdieron su casa y él tuvo que empezar a trabajar para ayudar al sostenimiento de su familia.

9 años – Muere su mamá.

22 años – Fracasó en su primer negocio.

23 años – Fue derrotado en las elecciones de legislador. No pudo entrar a la facultad de derecho.

24 años – Se declaró en bancarrota y pasó años pagando deudas.

25 años – Fue derrotado nuevamente en las elecciones a legislador.

26 años – Cuando estaba a punto de casarse, su novia falleció y quedó con el corazón destrozado.

27 años – Tuvo una crisis nerviosa y pasó seis meses en cama.

29 años – Fue derrotado en las elecciones para representante del Estado.

31 años – No pudo formar parte del Colegio Electoral.

34 años – Fue derrotado en las elecciones para el Congreso.

37 años – Fue nuevamente derrotado en las elecciones para el Congreso.

39 años – Fue derrotado por tercera vez en las elecciones para el Congreso.

40 años – Fue rechazado para un trabajo en la oficina de otro político.

45 años – Fue derrotado en las elecciones para el Senado.

47 años – Fue derrotado en las internas del partido republicano para candidato a vicepresidente.

49 años – Fue derrotado nuevamente en las elecciones para el Senado.

51 años – Abraham Lincoln fue elegido presidente.

Si Mr. Lincoln no hubiera sabido pasar la página luego de cada fracaso, la historia no contaría que llegó a ser uno de los presidentes más admirados de su país ni Ford hubiera elegido su apellido como la marca de sus autos más lujosos.

Las historias son muchas y variadas. Los grandes referentes de la historia humana pasaron por circunstancias adversas, cometieron errores y fueron protagonistas de toda clase de desafíos, pero son mujeres y hombres recordados porque no se detuvieron ante la dificultad, sino que continuaron. Pasaron la página. Volvieron a dar el examen. Comenzaron a escribir en una página nueva y finalmente escribieron una historia mejor que la que hubieran escrito si no hubiesen cometido ningún error.

Los grandes referentes de la historia cometieron errores y finalmente escribieron una historia mejor que la que hubieran escrito si no hubiesen cometido ningún error

Mi lista de acciones

Guía de SUPERVIVENCIA PARA UNIVERSITARIOS

3.

Cuida tu cuerpo

Si vas a una iglesia seguramente habrás escuchado este texto bíblico:

«Por eso, precisamente, les digo que huyan de los pecados sexuales. Ningún otro tipo de pecado afecta al cuerpo como éste. Cuando uno comete esos pecados, peca contra su propio cuerpo. ¿No saben que el cuerpo es templo del Espíritu Santo, que Dios les dio, y que el Espíritu habita en ustedes? Ustedes no son sus propios dueños, porque Dios nos compró a gran precio». (1 Corintios 6:18-20)

Y si somos honestos, no creo que sea de tus favoritos.

En demasiadas ocasiones se ha usado este texto para sofocar brotes de diversión y sembrar en su lugar culpas y temores, y por eso creo que ha sido mal utilizado.

Hace un tiempo escribí un libro acerca de la santidad que se titula «Diferente» y en él explico que la santidad no es la amenaza de un Dios enojado sino la invitación de un Dios amoroso que establece reglas porque es un padre que desea lo mejor para sus hijos. Dios quiere protegerte de dolores y heridas innecesarias y desea que vivas una vida plena y trascendente, y por eso el corazón de estas palabras no es limitarte sino traerte claridad respecto a cómo vivir mejor, y ahí es donde llegó la hora de asimilar la idea de que cuidar tu cuerpo es crucial para lograrlo.

Tu cuerpo no es solo el estuche de tu alma. Si reconociste tu necesidad de perdón y aceptaste a Jesús como salvador y señor de tu vida, tienes al Espíritu Santo de Dios caminando contigo. Él te permitió nacer de nuevo (Juan 3:6-7) ya que Dios siempre estuvo interesado en soplar vida a nuestras vidas.

Acompáñame al principio de la historia del pueblo de Dios.

La palabra *sábado* proviene de un término hebreo que significa «detenerse a descansar». Esta palabra aparece por primera vez en la Biblia en los mandamientos que se dieron a la antigua nación de Israel (Éxodo 16:23). Por ejemplo, el cuarto de los Diez Mandamientos dice: *«Acuérdate de observar el día de reposo, es decir, el sábado, como día santo. Seis días de la semana son para los quehaceres cotidianos y el trabajo regular. Pero el séptimo día es día de reposo delante del SEÑOR tu Dios».* (Éxodo 20:8-10a). Ya bastante antes de esto la Biblia afirma: *«Y bendijo el séptimo día y lo instituyó como día santo, porque en ese día descansó después de haber creado todo».* (Génesis 2:3). ¿Agarras la onda? Desde el principio Dios dejó en claro que el descanso era vital. El descanso es un espacio intencional para cuidar tu cuerpo y renovar tu alma y ahora que eres más grande ya no es algo que debe ocurrir por la prescripción de tus padres, sino porque eres lo suficientemente inteligente como para reconocer su valor.

El descanso es un espacio intencional para cuidar tu cuerpo y renovar tu alma

La Biblia tiene más referencias al descanso, el gozo y aun a la fiesta de los que muchos religiosos han sabido reconocer. Por ejemplo, en lecturas como Nehemías 12:43, Salmos 18, Proverbios 10:23 y muchas otras tenemos la señal de que Dios diseñó al ser humano para alternar ciclos de trabajo y descanso para mantener su vida equilibrada y por eso, aunque en este libro quiero animarte a estudiar con todas tus fuerzas, también te quiero seducir a prestar atención a tu salud ya que es vital para sobrevivir a estos años tan extremos de estudio.

¿Qué cuidar?

Los centros para el control y la prevención de enfermedades de los Estados Unidos (CDC por sus siglas en inglés) ofrecen los siguientes consejos para los estudiantes universitarios y sus familias:

1. **Nutrición:** Una dieta balanceada puede tener un gran impacto en tu sentido del humor y por ende

en tu predisposición al estudio. Desarrolla un plan de comidas equilibrado con alimentos ricos en proteínas, pero sin demasiadas grasas. Evita los refrescos azucarados y las bebidas energizantes que están repletas de calorías adicionales y que te desacomodan el sueño y pueden desencadenar problemas de salud a corto y a largo plazo.

2. **Ejercicios:** Todos los parámetros médicos recomiendan por lo menos tres horas de ejercicio físico por semana para los estudiantes universitarios. Si practicas algún deporte en forma semanal, mejor, pero si no, usa tu creatividad para asegurarte de que tu cuerpo acelera el ritmo cardíaco esas tres horas por semana, lo cual en realidad significa quince minutos por día los siete días o una hora cada dos días. Usar escaleras y no ascensores, estacionar lejos si usas automóvil o caminar hasta el transporte público, también pueden ser factores beneficiosos.

3. **Administra bien el estrés:** Estos son años estresantes por naturaleza. Los estudios, las nuevas obligaciones y todo lo que quieres definir cuanto antes hace que los nervios y las emociones fuertes estén a flor de piel y por eso es muy importante entender lo de los ciclos de descanso que estableció el Señor. Tu rendimiento te demanda un buen descanso. El dormir mal no solo hace que luego te duermas en el aula, sino que te pone de mal humor

y te nubla la vista a la hora de leer. Incluso abre la puerta a la depresión y en algunas personalidades más proclives que otras, a los ataques de pánico y por eso es vital no solo descansar sino divertirte. Reírte. Salir y cambiar de ritmo.

Claro que también te recomiendo poner todas tus ansiedades en el Señor —como dice Pedro: «*Dejen en las manos de Dios todas sus preocupaciones, porque él cuida de ustedes*» (1 Pedro 5.7)—, y controlar toda inclinación a la «pre» y «pos» ocupación. Es decir, ocúpate de lo que tengas que hacer, pero no le añadas ansiedad a lo que no se puede cambiar, ya sea porque no ocurrió o porque ya sucedió.

4. **Protégete:** No es ningún secreto que los estudiantes universitarios a veces son un grupo muy vulnerable a ataques sexuales, robos o violencia por caminar a horas distintas que el resto de la gente y todavía ser jóvenes, pero con cuerpos adultos. Los ataques sexuales en el campus y otros tipos de violencia se pueden vincular también con el alcohol y las drogas y por eso, más allá de cuidar tu salud, es muy importante que prestes especial atención a con quién andas y en lo posible siempre tener a alguien de suma confianza cuando estés con un grupo grande que no sea el tuyo.

Quizás debido a tu fe no hace falta que te hable demasiado del problema con los vicios, pero sí quiero advertirte que, aunque tú no tengas ninguno, los vicios de otros pueden tener consecuencias en tu vida. Por ejemplo, los accidentes de tránsito también pueden ser un problema en esta etapa y por eso es tan importante no solo que uses tu cerebro para tus estudios sino también para proteger tu seguridad.

Si ahora vives a solas o con amigos o en el campus

Una de las experiencias más emocionantes para muchos en esta etapa universitaria es que ahora quizás tengas la posibilidad de salir de la casa de tus padres. Esto no es para todos y en muchas ciudades prácticamente no sucede, pero en otras es lo más usual.

Si este es tu caso, cierro este hábito con algunos consejos al respecto y si este no es el tuyo... salta al siguiente hábito ahora.

1. Visita a tu médico para asegurarte de que tienes todas las vacunas recomendadas y otras medidas de salud preventiva necesarias para tu edad. Pregunta sobre las vacunas contra las enfermedades más comunes entre universitarios.

2. Si tienes alguna afección médica o problema de salud, infórmate al respecto. Cuando vayas a ver a un médico nuevo o clínica, como el centro de salud del campus, necesitarás estar informado sobre tu diagnóstico y cómo tratarlo. Si tomas medicamentos aprende cómo esos medicamentos se combinan con ciertos alimentos o bebidas para asegurarte de que sabes todos los posibles efectos colaterales.

3. Antes de mudarte, busca a dónde ir si tienes algún problema de salud. ¿Qué hospitales o clínicas se encuentran cerca? ¿Dónde se encuentra el centro de salud de los estudiantes? ¿A dónde puedes ir si se encuentra cerrado, como en las noches o los fines de semana? Habla con tus padres acerca de si tienen un seguro médico de la familia, y asegúrate de tener una tarjeta del plan médico. Nada de esto es divertido y hasta ahora posiblemente jamás pensaste en estas cosas, pero esto también es parte de tu nuevo mundo y una variable de éxito para pasar satisfactoriamente por estos años de universidad.

4. Consigue un kit de emergencia para mantenerlo en tu nueva habitación. Una linterna y pilas o baterías, alimentos no perecederos y agua (para uso de emergencia únicamente), suministros de primeros auxilios y medicamentos adicionales

pueden resultar de gran ayuda en el caso de tormentas, huracanes y otras situaciones en las que tengas que estar encerrado en tu habitación o en el campus por un tiempo según cuál sea tu ciudad.

Mi lista de acciones

Guía de SUPERVIVENCIA PARA UNIVERSITARIOS

2.

Relaciónate positivamente con los adultos en tu vida

Al llegar a la universidad llegaste también a la etapa en la que comenzarás a convivir de cerca con un mayor número de personas de distintas edades e, incluso los adultos que ya estaban presentes en tu vida, ahora comenzarán a verte y atratarte como a un par y no como a un terrícola en preparación.

Aprender a interactuar positivamente con los adultos te abrirá muchas puertas y por eso es vital que desarrolles el hábito de comenzar a prestar más atención a estas relaciones.

Agrega valor

Una pregunta que me hago continuamente como lider es *¿cómo puedo agregarle valor a las personas que lidero?* Yo siempre aconsejo a los pastores que no miren a la congregación preguntando: *¿cuántos me va a ayudar en el ministerio?*, sino que se pregunten «quiénes» son las personas a mi cuidado y cómo puedo bendecirlas, ya que al hacerlo van a ver surgir las habilidades de esas personas y así se van a beneficiar mutuamente.

Hay varias maneras de agregar valor a otros y la más simple es tratando a las personas con respeto y aprendiendo a ser alguien que reconoce las virtudes y aportes de otros y les agradece.

Muchas personas, aun nuestros seres queridos, pasan sus días escuchando órdenes, reclamos, gente enojada y absorbiendo muchos nervios. *¿Cómo animarlos?* A veces es tan simple como ofrecerles una sonrisa y otras veces requiere unos minutos de atención mientras les dejas responderte en serio cómo fue su día o qué están sintiendo últimamente.

Te voy a decir algo bien crudo ahora. Mientras somos adolescentes creemos que somos el centro del universo. Si tenemos una mala imagen de nosotros mismos, somos la peor persona en el universo, y si tuvimos un buen día, somos la mejor persona del universo. Miramos el mundo desde los lentes de alguien buscando su identidad y creemos que todo se trata de nosotros.

Pero ahora estás en otra etapa y es tiempo de dejar atrás tu adolescencia. Aunque te dé nostalgia.

Si eres de los que se queda estancado allí, lo lamentarás bruscamente en unos años y te ganarás una sensación de retraso. La etapa universitaria es también tu pasaje a la adultez y esa es una noticia que te debe llenar de esperanza porque, aunque la sociedad de consumo te venda que la adolescencia eterna es la etapa ideal, si Dios diseñó la adultez como la etapa para alcanzar la madurez, es la etapa más productiva de todas.

Si Dios diseñó la adultez como la etapa para alcanzar la madurez, es la etapa más productiva de todas

Por esta razón, comienza a prestar atención a los adultos a tu alrededor. Mira a las personas a los ojos. Escucha y... agrega valor.

Pensemos en cada animal de tu selva ahora. Administradores, profesores, líderes, pastores y tus padres. Todos tienen expectativas respecto a tu paso por la universidad y los pongo en el orden de interés que en general ellos pondrán en tu carrera.

Seguramente habrá más adultos a tu alrededor, pero observemos el comportamiento de estas fieras:

Administradores

Antes de llegar a un aula, pasarás por alguna oficina para inscribirte en los cursos de tu universidad. Hoy muchos protocolos son online y eso evita más trabajo administrativo, pero no puedo estar seguro de que tu proceso sea así por lo que debo hablarte de estas personas que parecen tener un rol insignificante y sin embargo pueden cambiarte totalmente el día. Con administradores o administrativos me refiero a todas las personas que trabajan en tu experiencia universitaria que no son quienes dan las clases.

Desde el registro, pasando por la biblioteca e incluso posiblemente a donde comas, habrá personas involucradas con las que deberás convivir por un tiempo importante de tu vida. *¿Cómo agregar valor con ellos?* Hazles su día más fácil. Sonríe y agradece aunque ellos se pongan difíciles y de a poco te los ganarás para que te hagan las cosas más fáciles. Los favores sembrados suelen ser favores cosechados y si estás en una universidad o facultad pequeña, todos hablan con todos así que no sabes exactamente cómo tu trato con ellos puede repercutir en tu relación con otros. Estas relaciones pueden parecer muy superficiales, pero suman o restan a tus energías, humor y atención así que préstales atención.

Los favores sembrados suelen ser favores cosechados

Profesores

Realmente no importa cuán buena o mala haya sido tu relación con tus maestros del secundario; esta es otra etapa y este es otro tipo de animal. La relación será más lejana, aunque eso no significa que a ellos no les importe lo que hagas. La etapa primaria y secundaria tienen el propósito de enseñarte algunos contenidos básicos de distintas ciencias, sí, pero también en general los maestros están formados para moldear tu carácter y tu disciplina.

En la universidad no. La relación es más «académica». Tu comportamiento en clase parecerá que no cuenta en tanto no seas un problema para la clase, y muy raramente los profesores universitarios te dirán sus opiniones acerca de tu postura, tu atención, tu trato con otros o tu vestimenta. Ellos fueron formados para no hacerlo.

Seguramente encontrarás algunos profesores fantásticos en el camino, pero habrá otros que te perderán con un hilo de baba saliendo de tu boca entreabierta cuando te durmieron a los diez minutos de comenzada la clase.

Durante el secundario tus maestros prestaban atención al «proceso» de tus estudios. Si entregabas o no los trabajos y cómo te iba a en los exámenes era motivo para hablarte o incluso para advertir a tus padres al respecto; pero en esta etapa ese es tu trabajo y nadie va a decirte nada hasta que termine el curso y lo hayas desaprobado si no hiciste lo que te tocaba.

Esto te puede llevar al engaño de creer que a los profesores no les importa lo que hagas. Claro que les importa. Ella y él ven si llegas tarde o te vas antes, aun si no te dicen nada. Se molestan si comes en el aula o haces ruido o hablas con el del al lado como cualquier persona que está haciendo su trabajo y los que lo rodean lo ignoran.

¿Cómo agregar valor en ellos entonces? Respeta su tiempo. Sigue las reglas mínimas de cortesía. Saluda y si algún día tienes la sorpresa de que la clase estuvo interesante... díselos, ja, ja. Me puedo imaginar a algún lector mirándome confundido. *¿Decirle algo positivo a los profesores?* Claro. Bienvenido al mundo de los adultos cuando ya no tienes que temer expresar tus opiniones, sobre todo si son favorables con alguien que tiene en sus manos una nota para tu futuro.

Pastores y líderes

Ellos tienen un interés más personal en ti; sin embargo, les importan las actividades de la iglesia y que te ocupes en otras cosas puede ponerlos celosos. Si tus pastores y líderes son seguros, entenderán si los reclutas a tu equipo de fans para que te vaya bien en la universidad, como hablamos en un capítulo anterior, pero igual son humanos y tienen sentimientos y que desparezcas de muchas actividades les hará sentir que ya no les importas.

Por eso te repito el consejo: habla con ellos con madurez acerca de qué vas a hacer y qué no vas a poder hacer, dejando en claro que es una situación temporal, pero que tu compromiso con la iglesia está intacto.

Tus padres

Ellos llevan muchos años soñando con que llegues a esta etapa. Aun si no estaban seguros de que calificaras para ser estudiante universitario, alguna vez jugaron con la idea y, te lo demuestren o no, te aseguro que están orgullosos de que te encuentres aquí.

Hónralos y si es posible en público... *¿Cómo se hace?* Habla de ellos delante de otros adultos diciendo cuán buenos son, cómo te apoyan o qué importantes son para ti...

Hazlo aunque te cueste e incluso, aunque no sea recíproco. Algunos de ellos no fueron formateados para expresar sus emociones a sus hijos con libertad y quizás nunca los hayas escuchado hablar maravillas de ti delante de otras personas. Es una lástima, pero tú no puedes dejar que eso te detenga.

La Biblia dice: *«No te dejes, pues, vencer por el mal, sino vence el mal haciendo el bien»* (Romanos 12.21), e imagino que sabes que honrar a los padres es el primer mandamiento con promesa (Éxodo 20:12).

Al terminar cada período de estudios repórtales tus resultados. Bueno o malos. De esta manera se sentirán parte de tu equipo y evitarán ubicarse solo como una parte demandante o indiferente, según sea tu historia.

Elige mentores y consultores

Por último, a los adultos de la lista anterior prácticamente no puedes elegirlos, pero una de las ultimas claves es que escojas algunos para que sean tus inspiraciones tangibles en este proceso.

Si elegiste la misma carrera de alguien en tu familia cercana probablemente puedas contar con esa persona para orientarte en las clases que puedes escoger, los profesores que van mejor con tu personalidad y los mejores libros en la materia. Pero si eres la primera de la familia en ir a la universidad o el primero en estudiar tu carrera, con más razón es bueno que busques algún adulto que haya estado en tu misma posición para consultar las decisiones propias de tus estudios. Cuando digo adulto no me refiero a alguien mucho mayor que tú sino a una persona que ya tenga experiencia en esa carrera que deseas terminar.

Obviamente la iglesia puede ser el lugar ideal para encontrar a estas personas y también tu familia extendida. Sé intencional al respecto y habla del asunto sin reservas.

Alguien que haya pasado por las mismas clases que tú y haya sobrevivido puede ser una gran guía en tu camino

Claro que a este hábito lo puedes llevar más allá y encontrar mentores y consultores para tu vida espiritual y, algún día, matrimonial. Yo soy un fiel convertido al poder de la mentoría. Creo que todos necesitamos mentores. Gente que esté un paso más allá en alguna área de nuestra vida sobre la que nos puede dar consejos sabios, animar y ayudar a decidir.

¿Y por qué hablo de «consultores»? Con los mentores desarrollamos relaciones cercanas y más continuas pero los consultores son gente con la que compartimos desde más lejos. Incluso puede ser a través de sus libros. A mí, por ejemplo, se me hincha el corazón cuando algún joven se me acerca y me dice que he sido su mentor a la distancia porque ha leído varios de mis libros, aunque yo sé que lo que quieren decir es que he sido un consultor para ellos. Una referencia. Y todos necesitamos eso.

Mi lista de acciones

Mi lista de acciones

1.

Tu arma secreta

¿Puede haber algo mejor que servir a Dios? Yo creo que sí.

Servir *con* Dios.

Nuestro servicio a Dios debe ser una consecuencia de nuestra relación con Dios. Un servicio sin relación es superficial, rutinario y hasta puede tener un tinte moralista. Servir a Dios no se trata de que somos mejores que otros. No se trata de pagar tus culpas, ni solamente se reduce a una ayuda asistencial a los demás porque, «pobrecitos», necesitan nuestra ayuda.

Si de verdad amamos a Dios amaremos a quienes él ama y esa es la verdadera raíz del servicio. Es una consecuencia. No es algo que hago «para», sino algo que hago «porque» sé a quién sirvo en realidad.

Hace algunos años atrás escribí un pequeño libro acerca de las disciplinas espirituales para adolescentes llamado «No seas Dinosaurio». Si nunca viste ese librito que hoy ya es difícil de encontrar, tiene algunas ilustraciones chistosas de dinosaurios y en él jugué con la idea de que no podíamos dejar que nuestra vida espiritual vaya en proceso de extinción por no adaptarnos a los cambios que van a tocarnos camino a la adultez.

Las disciplinas espirituales son ejercicios para fortalecer tu ser interior y refrescar continuamente tu salud espiritual

Las disciplinas son también hábitos y, *¿cuáles son esas disciplinas?* Las más conocidas son la oración, el estudio de la Palabra y la comunión (congregarnos para aprender y apoyarnos los unos a los otros). Pero hay otras como el retiro, el ayuno que ya mencionamos, la sencillez, la confesión y la adoración.

Con esta última es quizás con la que hay más confusión ya que en tantos círculos se cree que la adoración solo tiene que ver con el canto y que un verdadero adorador es siempre un músico que cierra los ojos y se arrodilla cuando dirige la alabanza, sobre todo si repite las mismas frases por un buen rato...

NO. A mí me da tristeza que tengamos una idea tan pequeña de la adoración.

William Temple escribió una de mis descripciones preferidas acerca del tema: «Adorar es avivar la conciencia mediante la santidad de Dios, alimentar la mente con la verdad de Dios, purgar la imaginación con la belleza de Dios, abrir el corazón al amor de Dios y dedicar la voluntad al propósito de Dios».

Tomar tiempo para enfocarte en la grandeza de Dios te ubica. Pone las cosas en la proporción correcta. Te «des» desespera cuando te turbas, te enojas o te deprimes por cuestiones pasajeras y te permite ver lo más importante.

Cuando estaba haciendo mi posgrado en California me aseguré de tomar algún curso con Richard Foster, autor de uno de mis libros favoritos: «Alabanza a la Disciplina». Richard insistía en hablar de la importancia de la santa expectación. Estar atentos a los detalles de Dios. Buscarle en los diálogos, las caras y seguir su sombra en la ciudad.

Vivir la vida con él es tu arma secreta. Ser conscientes de su presencia a pesar de nosotros y de las circunstancias y considerarla un regalo de *su* gracia, transforma completamente tus perspectivas, sensaciones y actitudes.

Como dice mi amigo Gabo Peralta en su libro «Tu vocación al servicio de Dios»: «La vida es un regalo de Dios. Todo lo que ella implica: respirar, pensar, amar, soñar, trabajar, emprender, esforzarse, e incluso tu vocación, es un regalo que Dios te concede. Por eso debes decidir cómo la vas a vivir. Debes decidir si tu vida será una expresión de autoexaltación y egocentrismo o si será una continua expresión de adoración hacia aquel que te la concedió. Si la vida es un regalo de Dios, lo que hagas con ella es tu regalo para Él».

El verdadero efecto de la espiritualidad

Nop.

Ser una persona espiritual no te convierte en un místico de ojos cerrados que bate las manos y llora muy seguido en las reuniones

Obviamente, esas expresiones no tienen nada de malo, vale emocionarse, pero esas no son la consecuencia explícita de una relación real, íntima y dinámica con Dios. Y no lo digo yo. El pastor Pablo exhibe las características que son fruto de una genuina vida espiritual en Gálatas 5:22-23.

El producto de una espiritualidad cristocéntrica y genuina se expone con ese fruto, que no es otra cosa que el carácter de Cristo en nuestras vidas, y lo maravilloso es que este carácter no encuentra su máxima expresión en un templo sino en todos los rincones de la vida normal y tiene todo que ver con que superes tu etapa universitaria, continúes un camino ascendente en los siguientes años y construyas una vida significativa con un aporte concreto a la sociedad.

Los verdaderos adoradores que busca el Señor no son cantantes o habladores de templo sino emprendedores de cambio que saben atravesar materias difíciles, cursos complejos y exámenes complicados con la mejor actitud porque aman a Dios por sobre todas las cosas.

Emocionarse y cantar con los ojos cerrados es una linda expresión, pero considerarlo como la genuina evidencia de la espiritualidad no solo no es bíblico sino infantil y tú ya estás en la etapa universitaria como para quedarte solamente en ese tipo de expresiones, aunque veas adultos a tu alrededor que crean eso.

Los verdaderos adoradores son emprendedores de cambio que saben atravesar materias difíciles, cursos complejos y exámenes complicados

Dios tiene muchas más ganas de pasar tiempo contigo que de que uses tu tiempo en hacer cosas en un templo. Claro que tu servicio le gusta, pero más le atrae tu intimidad. Involúcralo en tus estudios desde ya. Cuenta con él. Pregúntale qué piensa. Medita en él y tus posibilidades de mantener un corazón irrigado de vida, una mente clara y un espíritu comprometido crecerán exponencialmente.

Mi lista de acciones

Mi lista de acciones

PARTE 2

ESTRATEGIAS DE ESTUDIO

En esta segunda parte quiero ir explícitamente hacia algunos consejos que te convertirán en mejor estudiante. Seguramente a algunos los conoces y entonces la pregunta es si los estás practicando. De todas formas, de nuevo no puedo darme el lujo de no compartir contigo estas ideas si quiero ayudarte a atravesar los años de universidad con más éxito del que te imaginas.

11. *Aparece*

He enseñado cursos en instituciones de distinto tipo y en distintos países lo cual me ha llevado a tener estudiantes de rincones totalmente diferentes y te puedo asegurar que es muy difícil dar la nota final a alguien a quien no recuerdo.

Los profesores son seres humanos... Vaya novedad ¿cierto?, ja, ya lo dimos a entender y parece una tontería afirmarlo y repetirlo, pero es muy común para los estudiantes menos experimentados perder de vista que los profesores tienen emociones y aunque sea mínimamente, necesitan también de tu aprobación.

No aparecer en las clases, aunque tu carrera te lo permita, te privará de relacionarte en directo con la persona que está al frente de la clase, le comunicará tu desinterés y te privará de aprender de las preguntas de otras personas.

Los profesores tienen emociones y aunque sea mínimamente, necesitan también de tu aprobación

Aunque amo los libros, no todo está en ellos y aunque llegues a entender a la perfección un tema, siempre hay más por descubrir cuando ves más allá del contenido de la materia. Dales a las clases el regalo de tu presencia y siempre que puedas, saluda a los profesores.

Y por último en relación a esta idea, aunque algunos se molesten, debo afirmarte que aun tu apariencia puede tener un impacto en tus notas. ¿Te parece injusto? Probablemente lo sea, pero es la naturaleza humana y parte del arte de la convivencia.

12. Sintetiza

Quizás no sepas que además de escribir libros como este, he trabajado en la edición y publicación de docenas de libros de otros autores y debo contarte que uno de los problemas más comunes con muchos autores primerizos no es que escriben de menos, sino que escriben de más.

Algunos creen que si el libro es más gordo es porque el autor sabe más y en realidad el que sabe más de un tema es quien mejor lo puede simplificar.

Escribir y hablar de más es igual de malo que hablar y escribir de menos. Menos y más son igual de inoportunos para un profesor que intenta calificar un trabajo. Como ya dijimos –y aunque algunos lo disimulen muy bien–, ... sí, los profesores somos seres humanos. Eso significa que nos cansamos y aburrimos de leer lo mismo vez tras vez y por eso el estilo de comunicación de un estudiante, y sobre todo su poder de síntesis, cuenta un montón para demostrar si en verdad entendió los contenidos principales de la clase.

La palabra clave aquí es precisión y para ser precisos, sin nada más ni nada menos, hay que saber sintetizar. Discernir las grandes ideas de la clase y asegurarte de diferenciar qué es central y qué es periférico te va a ahorrar tiempo, nervios y energía. Que no sepas lo periférico suele no ser tan importante para los profesores, pero siempre hay ideas que emocionalmente consideramos que son obligatorias para que los alumnos pasen una clase

La síntesis es la acción de identificar las ideas principales de un texto, una clase o conferencia y ordenarlas para comunicarlas con simpleza. El término proviene del vocablo griego *synthesis*, que quiere decir arreglo o composición. Una síntesis es una composición producto del análisis de las partes dentro de un todo del que se obtienen las unidades principales.

Para la química, la síntesis se refiere a la formación de compuestos a partir de la suma de los elementos más simples.

Una síntesis te resulta de gran utilidad al momento de estudiar un tema, porque te permite eliminar la información innecesaria y estudiar lo más importante.

Las nociones más importantes que tomes en cuenta deben estar relacionadas de manera lógica y en lo posible deben ser pocas, y de ellas se irán desprendiendo ideas secundarias. No es necesario que las ideas secundarias sean abundantes, ya que lo principal es apuntar a las ideas fundamentales.

Y te cuento que ese es mi secreto incluso como alguien que continuamente comparte conferencias. Yo no me aprendo de memoria todo el contenido de una conferencia, pero sí sé de memoria el «bosquejo», que no es otra cosa que una secuencia de ideas principales que he sintetizado de un tema. Una síntesis... y mi experiencia es que, si te sabes bien el bosquejo, lo que hay entre una idea y otra es mucho más fácil de conectar.

Una síntesis te permite eliminar la información innecesaria y estudiar lo más importante

13. *Pregunta*

Los profesores tienen ojos y los ojos buscan ojos. Es decir, buscan a alguien que los mire, así que evita mirar hacia abajo, hacia afuera, a tu celu, o a tu compu cuando los profesores explican.

No subestimes esta idea. De hecho, haz algo más que escuchar. Observa. Mira los movimientos. Toma nota del ritmo, el humor y las sensaciones que transmite quien explica una clase.

Incluso si estás mirando un video.

Para aprobar una clase no solo debes saber los contenidos mínimos de esa clase sino lo que esa profesora o profesor está esperando que sepas, y una de las maneras más directas de mostrar interés es preguntando.

Escuchar debe ser una experiencia activa y la mayoría de los profesores apreciamos las preguntas.

Pero pregunta para entender y no para demostrar que sabes, haciendo de esas preguntas que requieren una gran introducción y que en realidad ni son una pregunta.

¿No te molesta cuando alguien dice que tiene una pregunta, pero da una disertación sin haber preguntado nada? A los profesores también les molesta así que no seas de esas personas.

Pregunta con precisión, haciendo preguntas cortas que logren que quien enseña sea quien hable más. Te lo explico así: si tu pregunta tuvo mil palabras y se respondió con tres, es porque probablemente no fue la pregunta más inteligente; pero si tiene tres palabras y la profesora tuvo que usar mil, es mucho más posible que además de obtener una respuesta hayas también creado una mejor impresión con ella.

Pregunta con precisión, haciendo preguntas cortas que logren que quien enseña sea quien hable más

14. Colabora

Ayuda a otros a estudiar.

Arma grupos de estudio y revisa las notas de otros.

No temas invitar a dos o tres compañeros a repasar una clase o a trabajar en la preparación de un examen.

Menciono dos o tres porque creo que los grupos pequeños funcionan mejor que los grandes.

En muchas carreras y ámbitos estudiantiles se peca de un excesivo individualismo, como si todo fuera una competencia, y eso priva a muchos estudiantes de enriquecerse de manera colectiva para que cada uno pueda dar lo mejor de sí.

Obviamente aquí cuentan las personalidades, pero creo que este ejercicio es bueno para todos, incluso para los que somos menos sociables. (Yo sé que si me viste en un escenario parezco extrovertido, pero en realidad tiendo a preferir estar a solas).

En especial si eres una persona sociable que necesita la interacción humana para activar sus neuronas, siempre es bueno comparar tus percepciones con las de otros para aprender con sus ojos y oídos también. Incluso algunos de nosotros nos activamos cuando ayudamos a otros y aprendemos al ponernos a enseñar.

Mi lista de acciones

Mi lista de acciones

U

TERMINA

Terminar le saca un millón de puntos de ventaja a comenzar. ¿Por qué? Porque es más exclusivo.

Muchos comienzan, pero no todos terminan; y al final de tus días, tu paso por la tierra no va a ser recordado por lo que comenzaste sin terminar, sino por lo que terminaste.

Yo te imagino como una persona llena de potencial y de sueños y esa es la razón por la que estuviste leyendo este libro; porque te aprecio, déjame hacerte una advertencia: miles de millones de sueños se han ido a la tumba con personas que no perseveraron.

Al final de tus días, tu paso por la tierra no será recordado por lo que comenzaste, sino por lo que terminaste

Tener sueños no es la gran clave del éxito ni lo es la pasión, como escucho muy seguido o veo en frasecitas en las redes sociales.

Los sueños y la pasión son importantes, pero se esfuman con facilidad sin perseverancia. Un poeta de mi tierra llamado Francisco Luis Bernárdez escribió que «lo que el árbol tiene de florido, vive de lo que tiene sepultado», y es que la belleza y fortaleza de las flores está en las raíces de la planta y así funciona una vida disciplinada. Pasada su temporada de crecimiento, germina en las flores más bellas que el ojo puede ver.

Ni el éxito ni el fracaso son accidentes sino un resultado. Es la suma de miles de pequeños esfuerzos invisibles lo que te mantendrá con vida en esta etapa y te llevará a la siguiente con éxito. Esos esfuerzos colaborarán en ayudarte a desarrollar una vida de hábitos positivos y lo fabuloso de eso es que esos hábitos definirán luego tu carácter y tu identidad por el resto de tu vida.

Tú puedes superar esta etapa con éxito. Debes confiar en el Señor y confiar en ti, en que vas a poder hacerlo. Gente con menos posibilidades lo ha hecho y ahora cuentas con esta guía para ayudarte a trabajar estos hábitos tan importantes.

Termina.

Muchos contamos con eso.

U

UNA CARTA PERSONAL A LOS LÍDERES DE UNIVERSITARIOS

Trabajas con una edad estupenda y frágil a la vez. Los jóvenes durante esta etapa tienen demasiado en juego y deben notar de parte de la iglesia que ellos son más importantes que nuestras reuniones. Yes. Oui. ¡Sí! Aunque a muchos les cueste asimilarlo.

Esta es la etapa que se imaginaron y soñaron desde su preadolescencia, solo que ahora ya no se trata de imaginarla sino de vivirla. Y, sobre todo, de decidir. Todo pasa ahora por las decisiones personales. Vocación, sexualidad, pareja, economía, y fe: de repente todos esos intereses y preguntas comienzan a ser fuerzas que compiten entre sí.

Con los 18 llegó la independencia y también llegaron las obligaciones adultas y, aunque todavía quieran ser adolescentes, en la iglesia debemos aprender a acompañarlos con sabiduría. La iglesia no puede tratarlos como adolescentes ni esperar que se comprometan como cuando iban a la escuela secundaria y estaban protegidos por la ley como menores de edad.

Ahora bien, durante cientos de años se pensó que los cerebros estaban totalmente formados desde la niñez (desde alrededor de los 6 años de edad para ser exactos). Luego de esto solo quedaba aprender contenidos, crecer un poco en tamaño, y ciertamente también en velocidad, funcionalidad e inteligencia emocional. Pero básicamente estábamos convencidos de que ya estaba todo allí y solo tenía que crecer. No sospechábamos que estábamos equivocados...

Cuando las resonancias magnéticas y el diagnóstico por imágenes le permitieron a la medicina ver la actividad del cerebro en tiempo real, resultó un gran shock el descubrir que los cerebros no están totalmente formados sino hasta alrededor de los... ¡25 años! Antes de esa edad, hay partes vitales del cerebro que están literalmente ausentes y hay otras que están todavía en desarrollo.

De hecho, te cuento que cuando comencé a hablar de liderazgo generacional y a compartir que debíamos "graduar" a los jóvenes hacia la adultez, y con e625.com decidimos estratégicamente trabajar con niños de 6 hasta jóvenes de 25 excluyendo a los que pasaban esa edad, este fue el punto más controversial, incluso dentro de mi equipo. ¿Por qué terminar a los 25? ¿No es cierto que en Hispanoamérica, cuando en la iglesia decimos "jóvenes", pensamos en todos los solteros sin límite de edad? Sí. Pero eso no significa que sea lo correcto.

Si para nuestros cerebros, y aun para nuestro sistema endócrino, llegamos a la adultez a los 25 años de edad, entonces estos detalles asientan la pauta de que este es el diseño de Dios. Si la fabulosa biología diseñada por Dios indica que a los 25 se desaceleran los cambios hormonales y celulares, e incluso nuestros cerebros llegan a su pico de formación, ¿por qué entonces ser cómplices de la adolecentización de la cultura y de la inmadurez de muchos que prefieren vivir hasta muy pasados los 30 con el síndrome de Peter Pan? ¡No! Y entender esto es vital para ti. Tu tarea no es que pasen por lindas reuniones sino graduarlos hacia su adultez colaborando con el cierre formal de su formación académica.

Los jóvenes son gregarios, prefieren la intimidad, las conversaciones y necesitan más espacio; llegar a esa etapa no debe ser visto como una mala noticia.

Nuestras iglesias deben ser un trampolín que lance a las nuevas generaciones hacia una adultez madura. ¿Por qué va a ser una mala noticia llegar a otra etapa diseñada por Dios, y sobre todo justamente a esta etapa en la que se asienta la madurez y podemos dejar un legado?

Lo que sucede es que le dijimos "amén" a la mentira que la sociedad de consumo lleva predicando varias décadas. El ideal no es tener por siempre un cuerpo adolescente, usar sus modas y vivir eternamente como un adolescente al estilo de las estrellas de rock. Si ser adultos es el plan de Dios, ¡entonces ser adultos es maravilloso!

Los jóvenes en la etapa universitaria durante estos años están por tomar las decisiones que más condicionarán el resto de sus vidas y nosotros podemos ayudarlos, lo cual es una enorme responsabilidad pero también un gran privilegio.

No sé si lees este apéndice antes de leer el libro o después. Claro, el libro es para ellos y el apéndice para ti que los lideras, pero igual quiero recomendarte que lo leas para entender mejor cómo ayudarlos a poner primero lo primero. Tu apoyo y acompañamiento puede hacer un mundo de diferencia así que cuanto mejor los entiendas, mejor.

Gracias por trabajar con jóvenes universitarios.

Lucas

U

RECOMENDACIONES PARA PADRES DE UNIVERSITARIOS

¡Felicidades! Estás ingresando a la universidad. Sí, tú, papá o mamá. Aunque tu hija o hijo ya no es la misma personita que cuando tenía 12 y le guste hacerte notar que ya es independiente, esta no es la etapa para abandonarlos. Claro, es hora de darles más espacio, confianza y hasta margen de error, pero eso no es sinónimo de asumir que ahora se arreglan completamente solos. Tu apoyo es importante y por eso aquí te van algunas recomendaciones cortitas y precisas de cómo hacerlo mejor:

1. Confía

Tengo que asumir que tu "ternurita" ya eligió a dónde estudiar pero puede ser que todavía haya algún margen de duda o que hayas elegido este libro para prepararte para lo que se viene. Así que para comenzar por lo obvio... no elijas universidad por ellos. Por supuesto que eso no significa que no opines o no aterrices posibilidades con realismo pero sé prudente con tus veredictos y elije usar más preguntas que afirmaciones. "Con" ellos es muy distinto a "por" ellos, e incluso usa el "con" con mucha prudencia.

Elegir qué estudiar y dónde es un proceso emocionante pero también estresante para muchos adolescentes, así que intenta no colaborar agregando un estrés insalubre.

La sabiduría milenaria dice que una de las mejores cosas que puedes hacer por tus hijos es demostrarles que crees en su capacidad para tomar una buena decisión.

Déjales claro que disfrutarás ayudarlos y apoyarlos, y confía en que podrán tomar una decisión acertada.

2. No compares a tu hijo con nadie

Hacerlo solo agregará emociones negativas. Recuerda que cada estudiante es diferente y tiene distintas pasiones e intereses y eso incluye a tus otros hijos, si tienes otros, y también a tus sobrinos o a sus amigos. Y lo siguiente: tampoco los compares contigo. Si fuiste a la universidad, fue en otra época, y claro, eso no quiere decir que no puedes contar ninguna historia de tu trayecto pero ten cuidado extra con que el tono no sea comparativo y piensa bien si vas a agregar estimulo o frustración al contar esa historia.

3. Aterriza un plan económico

Ir a la universidad es caro y no es una buena ayuda para su adultez que tus hijos no sean conscientes de los costos anuales. Aun si vas a cubrir el total de su carrera, no le estas ayudando a hacerse responsable si no sabe cuánto cuesta. Sé honesta y precisa cuando hables con él sobre los costos. Sé claro y amoroso al hacerle saber a tu hija que esta es una inversión familiar. Trátalo como a un adulto y si es necesario que trabaje mientras estudia, elabora un plan de posibilidades y presupuestos de antemano.

4. Ayúdale a evaluar la salida laboral de su carrera

Esto no debe ser hecho con el signo dólar entre ceja y ceja pero sí es una medida responsable ayudar a tus hijos a considerar las posibilidades que tienen de trabajar de lo que se proponen y anticipar escenarios hablando con gente que ya ha hecho el camino. El dinero no puede ser el único filtro de evaluación sino su vocación, bienestar y su llamado espiritual, pero claro que las posibilidades económicas que da una carrera son importantes y usualmente los gobiernos de las ciudades tienen indicadores y reportes de cuánta salida laboral tiene determinada carrera en determinada ciudad en determinada temporada.

Hay trabajos que antes eran muy rentables que ahora ya no lo son y otros que antes ni siquiera existían y a veces puede costarnos imaginarlos, pero están ahí. Los cristianos siempre debemos mirar el futuro con los ojos de la fe y eso es hacerlo con la mirada hacia la oportunidad.

5. Conoce las instalaciones de la universidad

Hay detalles de la vida universitaria en un recinto específico que no pueden verse ni online ni en un folleto publicitario. Conocer bien el lugar a donde tu hijo o hija va a pasar tantas horas va a ayudarte con tu tranquilidad y va a incrementar tus posibilidades de colaborar cuando sea necesario. Esta parece una recomendación demasiado obvia pero al hablar con muchos jóvenes y sus familia me di cuenta de que muchos padres nunca habían visitado el lugar de estudios de sus hijos y creo que esa es una desventaja a la ahora de entenderlos y apoyarlos.

6. Busca cómplices de oración

Me imagino que ya tienes práctica desde su adolescencia y esto continúa en la etapa universitaria. Orar por ellos es siempre una buena idea, como también lo es sumar a otras personas a orar periódicamente por tu hijo o tu hija y hacérselo saber. "Contrata" tíos y tías y habla con los líderes de tu iglesia para que estén pendientes de tus hijos. No tengas temor de hacer estas contrataciones. Es mucho mejor ser papás exagerados que papás indiferentes, y ninguna oración está de más.

Cuéntales a los pastores lo que está viviendo tu retoño, asegúrate que otras personas le hacen saber que están orando por él o ella y pásales reportes a estas personas cuando pasan de año o vuelven a casa por el verano.

Como dice el dicho africano: hace falta una aldea para criar y acompañar a nuestros hijos.

7. Anima, calla, perdona, escucha y vuelve a empezar

Si todavía no leíste este libro, hazlo. Está escrito para los universitarios pero leer lo que comparto aquí con ellos va a ayudarte también a discernir mejor cómo ayudarlos a navegar esta aventura de la manera más sabia. Esta es su historia y tu rol es animarlos; para lograrlo a veces vas a tener que hablar y otras callar. En muchas ocasiones vas a tener que perdonar estados de estrés. Vas a tener que darles el beneficio de la duda y perdonar. En ocasiones tendrás que escucharlos repasar exámenes e historias que te hagan parar los pelos y tu rol será compartir sus vivencias con empatía para que sientan que no están solos en la aventura.

BIBLIOGRAFÍA

- Brian Tracy. *No excuses*. MJF Books. 2010
- Charles Dohigg. *Habit*. Random House. 2012
- Charles Swindoll. *Cómo vivir sobre el nivel de la mediocridad*. Editorial Vida. 2007
- Ed Catmul. *Creativity*. Random House. 2014
- Gabo Peralta. *Tu vocación al servicio de Dios*. E625. 2018
- Kevin DeYoung. *Súper ocupados*. Editorial Portavoz. 2013
- Lucas Leys. *Diferente*. Editorial Vida. 2013
- Lucas Leys. *No seas dinosaurio*. Editorial Certeza. 2002
- Richard Foster. *Alabanza a la disciplina*. Editorial Betania. 1986
- Stephen Covey. *The 7 habits of highly effective people*. Free Press. 1989
- Timothy Keller. *Every good endeavor*. Dutton. 2012

/InstitutoE6
e6 25
INSTITUTO
ESPE
CIALI
DADES
TU MINISTERIO
SUBIRÁ
DE NIVEL
Instituto e625
INSCRÍBETE
DIPLOMADO en LiderazGO Generacional
Programa Completo. Educación ministerial del futuro.
PROFESORES EXPERTOS
ACCESIBILIDAD Y MOVILIDAD
FLEXIBILIDAD Y PROFUNDIDAD
METODOLOGÍA
Nueva Web
Diplomado en Liderazgo Generacional
Próximos cursos
Programa de estudios
www.InstitutoE625.com